AF152312

BEI GRIN MACHT SICH IHR WISSEN BEZAHLT

- Wir veröffentlichen Ihre Hausarbeit, Bachelor- und Masterarbeit

- Ihr eigenes eBook und Buch - weltweit in allen wichtigen Shops

- Verdienen Sie an jedem Verkauf

Jetzt bei www.GRIN.com hochladen und kostenlos publizieren

IT-Sicherheit in der Industrie 4.0

Wie gelingt der sichere Austausch und die Verknüpfung von Daten zwischen Unternehmen, sodass die Datensouveränität zu jeder Zeit gewährleistet ist?

Mona Rebers

Bibliografische Information der Deutschen Nationalbibliothek:

Die Deutsche Nationalbibliothek verzeichnet diese Publikation in der Deutschen Nationalbibliografie; detaillierte bibliografische Daten sind im Internet über http://dnb.d-nb.de abrufbar.

ISBN: 9783346392626
Dieses Buch ist auch als E-Book erhältlich.

Druck und Bindung: Books on Demand GmbH, Norderstedt Germany
Gedruckt auf säurefreiem Papier aus verantwortungsvollen Quellen

Das vorliegende Werk wurde sorgfältig erarbeitet. Dennoch übernehmen Autoren und Verlag für die Richtigkeit von Angaben, Hinweisen, Links und Ratschlägen sowie eventuelle Druckfehler keine Haftung.

Das Buch bei GRIN: https://www.grin.com/document/1007364

Hochschule Fresenius

Fachbereich onlineplus

Studiengang: Wirtschaftsingenieurwesen – Digital Engineering and Management

Hausarbeit

IT-Sicherheit in der Industrie 4.0

Wie gelingt der sichere Austausch und die Verknüpfung von Daten zwischen Unternehmen, sodass die Datensouveränität zu jeder Zeit gewährleistet ist?

Mona Rebers

Modul: M145 – Automatisierung und Digitalisierung in der Industrie

Abgabedatum: 26.01.2021

Inhaltsverzeichnis

1 Einleitung.. 1

   1.1   Vorwort..1

   1.2   Methodische Vorgehensweise....................................1

2 Industrie 4.0.. 2

   2.1   Digitalisierung als Leittrend..2

   2.2   Daten als Wirtschaftsgut...3

3 IT-Sicherheit in der Industrie 4.0.............................. 4

   3.1   Cloud-Computing 5

   3.2   Dezentralisierung und Segmentierung.......................6

4 International Data Space 7

   4.1   Merkmale und Aufbau 7

       4.1.1   Schlüsselmerkmale 7

       4.1.2   Rollenmodell...8

   4.2   Referenzarchitekturmodell..9

   4.3   Ausblicke der Initiative...12

5 Fazit.. 12

6 Literaturverzeichnis 13

Abbildungsverzeichnis

Abbildung 1 Smart Data Management   3

Abbildung 2 Anlagensicherung mit Firewalls   5

Tabellenverzeichnis

Tabelle 1 Geschäftsarchitektur..10

Tabelle 2 Daten- und Service-Architektur..10

Abkürzungsverzeichnis

BMBF	Bundesministerium für Bildung und Forschung
CPS	Cyber Physische Systemen
EXIC	External IDS Connector
FDI	Field Device Integration
FDT	Field Device Tool
IDS	International Data Space
INIC	Internal IDS Connector
IoT	Internet of Things
IT	Informationstechnologie
RFID	Radio Frequency Identification
SSL	Secure Socket Layers
TLS	Transport Layer Securit

1 Einleitung

1.1 Vorwort

„Zielgerichtete Angriffe auf industrielle Anlagen werden zunehmend professioneller vorbereitet und durchgeführt." (Junker, 2015, S. 648)

Die Zunahme der Bedeutung unternehmensinterner und unternehmensübergreifender Kommunikation sowie der Verschmelzung dieser auf IT-Ebene stellen wesentliche Herausforderungen der Industrie 4.0 dar. Chancen der Wertschöpfung aus Daten ergeben sich ebenso wie Risiken die Datensouveränität und damit die Kontrolle über seine Daten zu verlieren. Schutz vor Cyberattacken und Hackerangriffen soll durch geeignete IT-Sicherheitsmaßnahmen minimiert werden. Umfassende und universal anwendbare Lösungsansätze gewährleisten auch bei wachsendem Datenaufkommen und zunehmendem Austausch angemessenen Schutz. (Fraunhofer, 2020)

Daten sind längst als Rohstoff der vierten industriellen Revolution anerkannt und bilden die Grundlage für Geschäftsmodelle traditioneller und junger Unternehmen. Sie verfügen als Wirtschaftsgut nur dann über ihr volles Potential, wenn sie unternehmensübergreifend intelligent verknüpft und ausgetauscht werden können. Um Unternehmen das Vorantreiben des digitalen Wandels zu ermöglichen, muss ein Raum für offenen und sicheren Datentransfer innerhalb und zwischen Unternehmen entworfen werden. Gemeinsame Standards auf nationaler und internationaler Ebene sind für den Erfolg dieses Anliegens essentiell. (PricewaterhouseCoopers, 2018)

Die Fraunhofer Initiative „Industrial Data Space" (IDS) entwickelt seit Oktober 2015 im Rahmen eines Forschungsprojekts ein Referenzmodell für einen Datenraum, in dem es möglich ist, vertrauenswürdigen Datenaustausch zu betreiben. Wissenschafts- und Industriepartner engagieren sich in dem Verein und versuchen sich an der Umsetzung in anwendbare Software. (Fraunhofer, 2020)

1.2 Methodische Vorgehensweise

Zunächst wird in Kapitel 2 der Begriff Industrie 4.0 definiert und mit der Smart Factory und dem Internet der Dinge in Verbindung gebracht. Es wird erläutert warum die Digitalisierung ein Leittrend ist und dass Daten im Rahmen eines Smart Data Managements als Wirtschaftsgut betrachtet werden können. Im dritten Kapitel wird der Zusammenhang zwischen IT-Sicherheit und Industrie 4.0 hergeleitet sowie ein Vergleich zwischen Business IT und Industrie IT gezogen. Anschließend werden verschiedene Lösungsansätze, darunter auch das Cloud Computing, vorgestellt. Im vierten Abschnitt dieser Arbeit erfolgt die Vorstellung des Fraunhofer Projekts International Data Space. Anhand der Schlüsselmerkmale und des Rollenmodells wird der Aufbau beschrieben, bevor das

Referenzarchitekturmodell erläutert wird. Ein Ausblick der Initiative sowie ein abschlie-
ßendes Fazit runden die Arbeit ab.

2 Industrie 4.0

Die klassische automatisierte Fabrik zur Herstellung vieler gleichartiger Produkte wird
von der Vision einer selbstorganisierten Fabrik abgelöst. Ein Cyber Physical Production
System realisiert die sogenannte „Smart Factory", indem sich intelligente und autonome
Objekte selbst Ressourcen beschaffen und Probleme der Fabrikorganisation durch lo-
kale Interaktion lösen oder vermeiden. Die Vernetzung der Elemente der Fabrik wird
drahtlos realisiert und alle Objekte sind mit dem Internet verbunden, sodass flächende-
ckend ein Internet der Dinge (IoT) als Leitgedanke entsteht. Innerhalb der Produktions-
organisation gestalten intelligente Teileelemente dezentral gesteuerte Produktionsanla-
gen. (vgl. Steven, 2019) Mit smarten Sensoren und RFID-Technologie ausgestattete
Produktionsobjekte erweitern ihre Fähigkeiten der Umgebungserfassung und Entschei-
dungsfindung. Aufgrund der Umgebungsinformationen sind diese Cyber Physischen
Systeme (CPS) in der Lage, in einem definierten Rahmen autonome Entscheidungen zu
treffen und selbsttätig entsprechende Aktionen auszulösen. Bedingt durch die hohen
Ansprüche der Interoperabilität der Systeme findet ein hohes Maß an Kommunikation
statt. Mit geeigneten Standards wird die ungehinderte Kommunikation über Domänen-,
Hierarchie- und Unternehmensgrenzen hinweg ermöglicht. Der steigende Grad der Vernetzung und der unternehmensübergreifende Bedarf des Informationsaustausches
zeigt, dass bisher für sicher befundene Konzepte, wie Air Gap (mindestens zwei phy-
sisch voneinander getrennte Systeme, die durch den Datentransport auf einem mobilen
Speichermedium die Daten des anderen Systems verarbeiten können (vgl. heise online,
2015)), nicht mehr zeitgemäß sind. (Lass & Kotarski, 2014, S. 407 ff.)

2.1 Digitalisierung als Leittrend

Als Resultat verwandter Entwicklungen wie Globalisierung, Mobilität, Sharing Economy
und Datenschutz verändert die Digitalisierung mit zentralen gesellschaftlichen, betriebs-
wirtschaftlichen und technologischen Entwicklungen die Arbeitsweise und den Lebens-
stil der Menschen. Unternehmen erschließen Wachstumspotentiale auf weltweiten Ab-
satz- und Beschaffungsmärkten und nutzen dabei Größen-, Kosten- und Währungsvor-
teile aus. Die Globalisierung ist durch komplexe Produktions- und Servicenetzwerke sowie eine hohe Informationstransparenz geprägt. Kunden haben zunehmend Informationen in Echtzeit zur Verfügung und die Möglichkeit Leistungen und Produkte online zu
vergleichen. Sie erwarten zudem jederzeit ortsunabhängige Leistungserbringungen. Im
Gegensatz dazu sinkt besonders in städtischen Ballungsräumen westlicher Industriena-
tionen das Bedürfnis des Besitzes materieller Güter. Das Teilen von Ressourcen wandelt
sich in vielen Bereichen zu einem Geschäftsmodell. Während die Nutzung der sozialen

Netzwerke sich stetig weiterverbreitet und die User private Daten unbeschränkt teilen, wächst parallel die Forderung nach mehr Datenschutz. Diese Entwicklungen haben das Potential ganze Branchen vom Grunde her zu verändern. (vgl. Fraunhofer ISST, 2018, S. 7)

2.2 Daten als Wirtschaftsgut

Medienbruchfreie Kundenprozesse, die keine Ressourcen oder Anlagegüter zur Verfügung stellen, sondern Abläufe koordinieren, weisen die Merkmale sogenannter Smart Services auf. Solche Leistungsangebote adressieren den gesamten Kundenprozess und stellen die persönlichen Bedürfnisse des Kunden in den Vordergrund. Zwischen physischen Produkten, klassischen und digitalen Dienstleistungen verschwimmen die Grenzen. Viele Anbieter führen im Rahmen einer Ende-zu-Ende-Unterstützung des Kunden ihr Leistungsangebot zusammen, um den Kundenwünschen bestmöglich gerecht zu werden. Der entscheidende Erfolgsfaktor um dies zu erreichen, sind die notwendigen Daten, die Fähigkeit diese wie ein Wirtschaftsgut zu behandeln und auf Basis dessen Smarte Services anzubieten. Diese Angebote stellen die Leistungserstellungsprozesse durch die wachsende Komplexität und Individualisierung vor neue Herausforderungen. Die Daten fungieren als ein Bindeglied zwischen industrieller Produktion und Smart Services. Das geforderte Smart Data Management wird in Abbildung 1 dargestellt und bedient sich eines Architekturentwurfs des Industrial Data Spaces. (Fraunhofer ISST, 2018, S. 9)

Abbildung 1 Smart Data Management

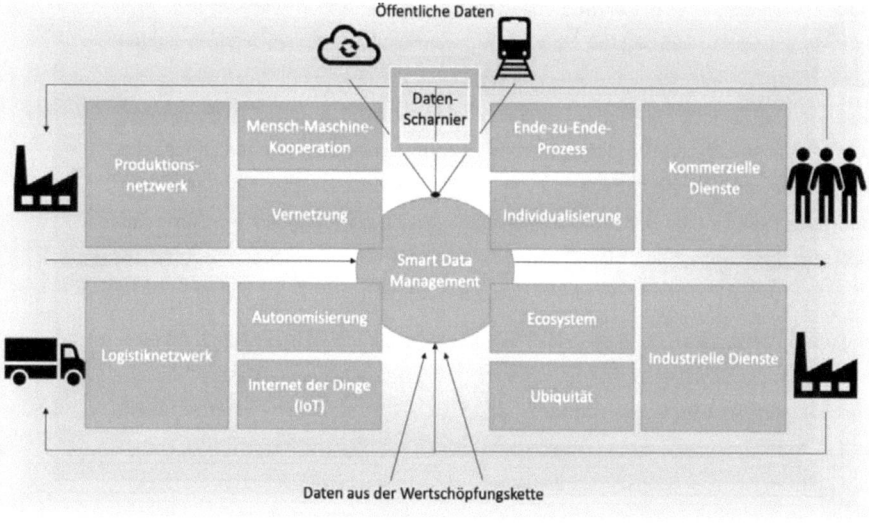

Quelle: Eigene Darstellung in Anlehnung (Fraunhofer ISST, 2018 S. 9)

Die Bedeutung der Daten steigt mit der elektronischen Verarbeitung und Prozessauto-matisierung sowie der Vernetzung verschiedener Unternehmen entlang einer Wert-schöpfungskette. In den 1960er und 1970er Jahren unterstützen Daten innerhalb von Warenwirtschaftssystemen Teilprozesse, liefern als reine Prozessergebnisse aber kei-nen eigenen Wertbeitrag. Erst als Daten in den 1980er Jahren zu Befähigern von Pro-zessen und des Geschäftsprozessmanagements werden und Daten in Echtzeit zur Ver-fügung stehen, werden sie zu einer strategischen Ressource. Smarte Services sind ohne qualitativ hochwertige Daten nicht realisierbar und als sich ab dem Jahr 2000 zuneh-mend Geschäftsmodelle auf diese Angebote stützen, werden Daten zu unverzichtbaren Befähigern von Produkten. Die neusten Entwicklungen zeigen den Trend Daten selbst als Produkt zu vermarkten. Damit hat sich die Rolle der Datenerhebung für Unternehmen zu einem eigenen Wertschöpfungsprozess gewandelt. Daten können mit Herstellungs-kosten, Nutz- oder Marktwerten beziffert werden -, abhängig auch von ihrer Natur (Privat-, Club-, oder öffentliche Datengüter). Damit sind sie ein schützenswertes Wirt-schaftsgut. Doch der einfache Verschluss dieser Daten, wie einen physischen wertvollen Rohstoff, schränkt die Entfaltung des Werts der Daten ein. In diesem Zusammenhang muss sich ein Konzept überlegt werden, wie Daten sicher zwischen verschiedenen Akt-euren einer Wertschöpfungskette ausgetauscht und weitergegeben werden können, ohne dass die Eigentümer der Daten ihre digitale Souveränität abgeben. (Fraunhofer ISST, 2018, S. 10 f.)

3   IT-Sicherheit in der Industrie 4.0

Durch die verstärkte inner- und überbetriebliche Kommunikation und Vernetzung im Rahmen der vierten industriellen Revolution gewinnen die Schutzziele Verfügbarkeit, Authentizität, Vertraulichkeit und Integrität von Daten an Bedeutung. Durch eine Bedro-hung kann ein Schaden entstehen. Innerhalb der Informationstechnik (IT), bezieht sich dieser Schaden auf die Integrität, Verfügbarkeit oder Vertraulichkeit von Informationen. (vgl. Grünendahl, Steinbacher & Will, 2009, S. 87) Eine Gefährdung entsteht erst dann, wenn eine Komponente der Unternehmensstruktur eine bekannte Schwachstelle auf-weist und diese angegriffen wird. Der Schutzbedarf beschreibt, welcher Schutz für die wertschöpfenden Prozesse passend ist. (vgl. Lass & Kotarski, 2014, S. 400 f.)

Im direkten Vergleich zu der Business-IT lassen sich in der Industrie zusätzlich Anforde-rungen, wie die Echtzeitfähigkeit oder Testmöglichkeiten erkennen. Effektive Testsys-teme sind aus Kostengründen schwer umzusetzen. Am Beispiel von Penetrationstests lässt sich erkennen, dass diese während des Betriebs nur begrenzt möglich sind. Zudem gilt es die langen Innovationszyklen der Industrieanlagen zu berücksichtigen. Geräte un-terschiedlichster Generationen müssen in eine umfassende Sicherheitslösung integriert werden. (vgl. Lass & Kotarski, 2014, S. 403 f.)

Im Zuge der Industrie 4.0 vernetzen sich Maschinen und Produkte zu intelligenten cyberphysischen Systemen. Dadurch entstehen Verwundbarkeiten, die Angriffsfläche für Viren, Würmer und Trojaner bieten und die Sicherheit der industriellen IT-Systeme gefährden. Für die ressourcenschonende Absicherung vernetzter Komponenten einer automatisierten Produktionsstätte sind andere Technologien nötig als die, die wir aus der Business-IT kennen. Kommunikation, Identifikation und die Fähigkeit Manipulation zu erkennen, spielen eine zentrale Rolle. Klassische Konzepte und Technologien wie Viren-Scanner, Firewalls, die SSL/TLS-verschlüsselte Kommunikation zwischen Servern und Browsern oder die Identifikation von Usern mittels Codes, Zugangsausweisen oder Zertifikaten können für den industriellen Kontext als Vorlage dienen. Sie unbearbeitet zu übernehmen, würde den Anforderungen dieses Umfelds jedoch nicht gerecht werden. Langfristig tragfähige Lösungen müssen mit bestehenden Standards kompatibel sein und unter Echtzeitbedingungen energieeffizient funktionieren. Dabei werden ein hohes Maß an Korrektheit, Vollständigkeit und Verfügbarkeit der Daten und eine vertrauenswürdige Kommunikationsoption gefordert. (Junker, 2015, S. 647 ff.)

3.1 Cloud-Computing

Eine Technologie, die viele dieser Anforderungen erfüllt und daher in der Vernetzung von Komponenten eine zentrale Rolle spielt, ist das Cloud-Computing. Cloud-Dienste werden über das Internet angesprochen und können über standardisierte Schnittstellen ebenso einfach auf andere Dienste zugreifen, wie sie selbst auch genutzt werden können. Aufgrund der schnellen Netzwerkverbindung, hoher Verfügbarkeit und Skalierbarkeit ist diese Technologie wie geschaffen dafür, die Anforderungen der vernetzten Industrieanlagen einer automatisierten Produktion zu erfüllen. Die Risikominimierung bei der Datenübertragung über das Internet ist hierbei die größte Herausforderung. Die Speicherung, Übertragung, Verarbeitung und Weitergabe der Daten muss abgesichert sein, um die Manipulation von Maschinenbefehlen und Steuerungsalgorithmen zu unterbinden. (vgl. Eckert, 2014, S. 40) In Abbildung 2 ist schematisch eine Absicherung der Daten mithilfe von Firewalls dargestellt.

Abbildung 2 Anlagensicherung mit Firewalls

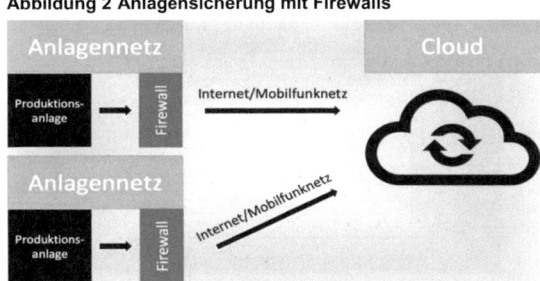

Diese befinden sich innerhalb des Anlagennetzes und unterbrechen den ungehinderten Datentransfer von Produktionsanlage zur Cloud über das Internet. Die Absicherung des Datentransfers gewinnt noch zusätzlich an Bedeutung, wenn ein Cloud-Service Daten mehrerer ggf. konkurrierender Unternehmen verwaltet. Eine Berechtigungsstruktur definiert die Rollen und Rechte aller Akteure. Dies soll jedoch nicht die gesicherte unternehmensübergreifende Zusammenarbeit von entlang einer Wertschöpfungskette beteiligten Unternehmen unterbinden. Flexibel konfigurierbare, dynamische Strukturen sind folglich vorteilhafter als die strikte Isolation der Daten eines Unternehmens. (vgl. Eckert, 2014, S. 40 ff.)

3.2 Dezentralisierung und Segmentierung

Ein dezentrales, umfassendes Konzept für das Identitäten Management und die Vergabe von Rollen und Rechten ist notwendig, um diese Anforderungen zu erfüllen. Eine weitere Herausforderung besteht darin, auch bestehende Komponenten in die Sicherheitsstruktur zu integrieren. Informationen über vorhandene Systeme müssen zusammengetragen und das Sicherheitsmanagement entsprechend angepasst werden. Ein großer Vorteil ist in diesem Zusammenhang, über geeignetes Werkzeug zu verfügen, mithilfe dessen Informationen über das Sicherheitsmanagement zusammengetragen werden, um es effizient gestalten zu können. Für die Inventarisierung der Netzstruktur, die Identifizierung von Abhängigkeiten und der Ermittlung von Risiken gibt es Standards wie das Field Device Tool (FDT), Field Device Integration (FDI) oder die AutomationML, die für ein automatisiertes Sicherheitsmanagement genutzt werden können. Diese Standards bieten einen geeigneten Ansatz um die Herausforderungen der IT-Sicherheit in der Industrie 4.0 zu bewältigen. Die Segmentierung der Netze zählt zu den essentiellen Sicherheitsmaßnahmen. Eine händische Segmentierung kann mit der Komplexität, Geschwindigkeit und Dynamik einer Smart Factory nicht mithalten und muss automatisiert erfolgen. Die Absicherung der Kommunikation und Vernetzung von Unternehmen entlang einer Wertschöpfungskette ist nicht nur Thema dieser Arbeit, sondern eine der zentralen Herausforderungen in der Industrie 4.0. (vgl. Junker, 2015, S. 648 ff.) Smart Factories werden sich grundlegend von denen heutiger Industrieanlagen unterscheiden. Sowohl hinsichtlich ihrer Architektur, als auch ihrer Infrastruktur. Die Bedrohungsszenarien innerhalb der Industrie 4.0 werden aber nicht grundsätzlich neu sein. Durch die vollständige Vernetzung und der damit einhergehenden Abhängigkeit eines funktionierenden Netzwerks erhöht sich aber die Anzahl der möglichen Angriffsvektoren und die Dramatik der potentiellen Folgen. Der Betreiber muss, um ein hinreichendes Sicherheitsniveau gewährleisten zu können, eine kontinuierliche Überprüfung der Sicherheitsmaßnahmen durchführen und ggf. Anpassungen vornehmen. Eine große

Anzahl Bedrohungen, kann mit einer Kombination aus architekturellen, organisatorischen und technischen Maßnahmen begegnet werden. (Junker, 2015, S. 650 f.)

Die „Defense in Depth"-Strategie kombiniert mehrere Verteidigungsmaßnahmen, grenzt damit Risiken ein und schafft mehr Zeit, um im Falle eines Angriffs entsprechende Gegenmaßnahmen einzuleiten. Diese Strategie hilft besonders gegen Standardangriffe, erreicht aber mit zunehmendem Einsatz mannigfaltiger Sicherheitstechnik die Grenzen der Echtzeitanforderungen. (Lass & Kotarski, 2014, S. 404)

4   International Data Space

Zur Schaffung digitaler Wertschöpfungsketten ist der sichere Austausch von Daten zwischen unternehmen essentiell. Ansätze zur Lösung des Zielkonflikts, zwischen Streben nach Datensicherheit und dem Wert des Austausches von Daten untereinander, liefert die Initiative International (vorher Industrial) Data Space des Fraunhofer Instituts. Diese stellt einen Standard für den Austausch sensibler Daten vor. (vgl. Prof. Dr.-Ing. Otto & Prof. Dr. Jürjens, 2016, S. 6 ff.)

Die Idee des IDS besteht darin, einen sicheren Austausch und die einfache Verknüpfung von Daten innerhalb von Geschäftsökosystemen zu ermöglichen. Dabei soll die digitale Souveränität der Dateneigentümer gewahrt und die Basis für Smarte Services und innovative Geschäftsprozesse gebildet werden. (Röwekamp, 2017) Die Ende 2014 von Wirtschaft, Politik und Forschung in Deutschland ins Leben gerufene Initiative wird vom Bundesministerium für Bildung und Forschung (BMBF) gefördert. Das Forschungsprojekt der Fraunhofer Gesellschaft ist vorwettbewerblich ausgerichtet und setzt ihren Fokus auf die Erstellung eines Referenzarchitekturmodells und dessen Pilotimplementierung und nicht auf die Entwicklung eines marktreifen Produkts. Eine zentrale Instanz zur Datensicherung ist ebenso wenig vorgesehen wie die Entwicklung smarter Services oder ein Beitrag auf Datenübertragungsebene. Stattdessen sollen die Erkenntnisse des Projekts Grundlage für die weiteren Entwicklungen bilden. (vgl. Fraunhofer ISST, 2018, S. 4)

4.1   Merkmale und Aufbau

4.1.1   Schlüsselmerkmale

Den Weg zur digitalen Souveränität mithilfe eines „Network of Trusted Data" schreiben insgesamt acht Schlüsselmerkmale des IDS. Die Rolle des Bindeglieds zwischen dem IoT und Smarter Service Welt erlaubt es föderal und skalierbar zu sein. (Neugebauer, 2018, S. 113 ff.)

Die Eigentümer der Daten behalten die Souveränität über ihre Daten, indem diese mit Nutzungsbedingungen und ggf. Einschränkungen versehen werden. Diese bestimmen, unter welchen Bedingungen die Daten im Rahmen des IDS mit anderen Teilnehmern ausgetauscht werden. Die Sicherheit des Datenaustausches wird in einem Schutzkonzept geregelt, in dem die Anforderungen an den Datenschutz über die gesamte Supply Chain hinweg definiert sind. Die Gesamtheit aller Dataspace Connectors manifestiert den IDS. Eine zentrale Datenhaltungsinstanz gibt es nicht. Mit dieser dezentralen und föderalen Architektur entsteht ein alternativer Entwurf, der zwischen „Data Lakes" als zentralen Datenhaltungskonzepten und dezentralen, ungeregelten Datennetzwerken einzuordnen ist. Die Regeln, welche die Rechte und Pflichten der Datenbewirtschaftung definieren, werden aufgrund der fehlenden Kontrollinstanz gemeinschaftlich in Data-Governance-Prinzipien entwickelt. Innerhalb des Netzwerks werden Datengeber mit Datennutzern verbunden. Datengeber sind z.B. Unternehmen, Maschinen, Fahrzeuge, Menschen oder Datenplattformen. Mit der Bereitstellung der Daten für den sicheren Austausch lässt sich ein infrastruktureller Charakter erkennen, der die Entwicklung Smarter Services erleichtert. Dank Skalierbarkeit und dem Netzwerkeffekt wächst der Nutzen des IDS für Datengeber und -nutzer mit steigender Anzahl der Teilnehmer. Ein weiteres Merkmal ist die Offenheit. Entscheidungen, die den Entwicklungsprozess des Referenzarchitekturmodells betreffen, werden gemeinsam zwischen Verein und Forschungsprojekt ausgearbeitet. Entscheidend für den Erfolg des Projektes ist nicht zuletzt der Vertrauensschutz, mit dem die Identifikation der Datengeber und -nutzer verlässlich verifiziert werden. Der IDS Connector übernimmt die Authentifizierungs- und Autorisierungsfunktion und verbindet sich ausschließlich über zertifizierte Software mit dem Netzwerk. Die zuvor genannten Schlüsselmerkmale verdeutlichen die Bindegliedfunktion des IDS. (Fraunhofer ISST, 2018, S. 12 ff.)

4.1.2 Rollenmodell

Um das Rollenmodell des IDS verstehen zu können, müssen vor dem Hintergrund des Ziels des sicheren Austausches zwischen Datengebern und Datennutzern auch die drei weiteren Rollen im Detail betrachtet werden. Für eine sichere Datenübertragung, inklusive Rechten und Regeln sind Broker, AppStore-Betreiber und eine Zertifizierungsstelle notwendig. Jeder Teilnehmer kann eine oder mehrere dieser Rollen verkörpern oder die Aktivitäten auf Dritte übertragen. (vgl. Prof. Dr.-Ing. Otto & Prof. Dr. Jürjens, 2016)

Der über Datenquellen verfügende Datengeber will seine Daten anderen Teilnehmern zur Verfügung stellen und dabei seine Souveränität nicht aufgeben. Er erleichtert den Datennehmern das Auffinden seiner Daten, indem er eine genaue Beschreibung seiner Quellen beim Broker hinterlegt. Die aus seinem eigenen System selektierten Daten, transformiert er in ein Zieldatenmodell und versieht sie mithilfe spezieller Attribute mit seinen spezifischen Nutzungsbedingungen. (Geißler, 2020)

Der Datennutzer ruft diese Daten dann von seinen Vertragspartnern ab und bezieht Vokabulare, Schemata, Data Service Apps und IDS Connectors über den IDS AppStore.

Die aus verschiedenen Quellen stammenden Daten werden verarbeitet und wiederum in ein Zieldatenmodell integriert.

Der Broker vermittelt Angebote der Datengeber sowie Bedarfe der Datennehmer und fungiert dabei als Verzeichnisdienst für Datenquellen. Er stellt Funktionen zum Publizieren und Auffinden von Datenquellen bereit und erlaubt auch die Möglichkeit Vereinbarungen der Datennutzung auszutauschen. Als Claring-Stelle überwacht und protokolliert der Broker unter Wahrung der Souveränität der Beteiligten die Datenaustauschtransaktionen. Zudem unterstützt er bei der Rückabwicklung fehlerhafter oder unvollständiger Transaktionen.

Die Forderung der Entwicklung eines Ökosystems geschieht über die AppStore-Betreiber. Im AppStore können Softwareentwickler Data Services zur Verfügung stellen. Es werden sowohl Funktionen zum Auffinden und Herunterladen von Services bereitgestellt, als auch Möglichkeiten zur Bezahlung und Bewertung dieser.

Als letzte Rolle innerhalb des IDS stellt die Zertifizierungsstelle sicher, dass definierte Anforderungen der Anwender erfüllt und Standards und Normen eingehalten werden. Dafür werden Zertifizierungen begleitet, Zertifikate ausgestellt, Prüfberichte abgenommen und Kriterienkataloge sowie Schutzklassen verwaltet. Zudem stellt die Zertifizierungsstelle die Vergleichbarkeit der Evaluierung sicher. (vgl. Fraunhofer ISST, 2018, S. 16 f.)

4.2 Referenzarchitekturmodell

Das Referenzarchitekturmodell ist eine Vorlage, an der sich bei unterschiedlichen Implementierungen im Markt orientiert werden kann. Die Daten können dezentral beim Dateneigentümer gehalten werden und müssen nicht zentral gespeichert sein. Der Eigentümer soll die Nutzungsbedingungen seiner Daten selbst bestimmen können und diese mit den Daten verknüpfen. Daten lassen sich, genau wie Wirtschaftsgüter, in verschiedene Segmente unterteilen. Private Güter oder auch Club-Güter einer spezifischen Wertschöpfungskette lassen sich von bestimmten aber nicht allen Unternehmen einsehen. Im Gegensatz dazu sind öffentliche Güter wie Wetterdaten oder Verkehrsinformationen frei zugänglich. Mithilfe einfacher Datenverknüpfungen, gemeinsamem Vokabular und Linked-Data-Konzepten wird die Integration der Daten der Teilnehmer erleichtert. Der gesicherte Austausch der Daten entlang der gesamten Wertschöpfungskette muss gewährleistet sein. (Fraunhofer ISST, 2018, S. 5.)

Das Referenzarchitekturmodell wird in vier Teilarchitekturen unterteilt, in denen verschiedene Fragen adressiert und Vorgänge beschrieben werden. In der Geschäftsarchitektur werden die ökonomischen Werte und die Qualität der Daten beschrieben. Die Datenmanagementprozesse legen die mit den Daten verknüpften Rechte und Pflichten der

Teilnehmer des Industrial Data Spaces fest. In Tabelle 1 sind die aus ökonomischer Sicht für den Erfolg des IDS notwendigen Konzepte zusammengefasst.

Tabelle 1 Geschäftsarchitektur

Data Governance	Datenquelle	Privat		Öfftenlich	Gemeinschaftlich
	Data Stewardship	Datengeber	Datennutzer	Broker	Ohne
	Datennutzung	Frei		Eingeschränkt	
	Datengut	Privates Eigentum	Öffentliches Gut	"Club-Gut"	
Kooperatives Daten-management	Datenbezug	Subskription		"On Demand"	
	Sichtbarkeit Datengeber	Offen	Unbekannt	Über Broker	
	Datenqualität	Garantiert durch Datengeber	Bewertet durch "Crowd"	Bewertet durch Broker	Ohne Bewertung
Geschäftsmodell	Zugang	Zertifiziert			
	Nutzungsmodell	"Prosumer"	Datengeber	Datennutzer	
	Preismodell	"Flat-Rate"		"Pay-per-Use"	
	Bezahlmodell	Datennutzer	Intermediär	Sponsoring	

Quelle: eigene Darstellung in Anlehnung (Fraunhofer ISST, 2018, S. 19)

Diese Konzepte der Geschäftsarchitektur lassen sich in die drei Kategorien Data Governance, Kooperatives Datenmanagement und Geschäftsmodell untergliedern. Dank der vielen Kombinationsmöglichkeiten der Gestaltungsoptionen lässt sich die Geschäftsarchitektur flexibel für unterschiedliche Einsatzbereiche konfigurieren. Das Forschungsprojekt des Fraunhofer Instituts setzt verschiedene Ausprägungen dieses morphologischen Felds für diverse Anwendungsfälle exemplarisch um. (Fraunhofer ISST, 2018, S. 19)

Der fachlich-funktionale Kern des IDS wird von der Daten- und Service-Architektur gebildet. Sie verwendet vokabulare und semantische Standards für eine applikations- und technologieunabhängige Funktion der Datendienste. Die drei funktionalen Komponenten sind in Tabelle 2 dargestellt.

Tabelle 2 Daten- und Service-Architektur

	Basic Data Services Provisioning	Data Service Management and Use	Vocabulary Management	Software Curation
IDS AppStore	Data Provenance Reporting Data Transformation Data Curation Data Anonymization	Data Service Publication Data Service Search Data Service Request Data Service Subscription	Vocabulary Creation Collaborative Vocabulary Maintenance Vocabulary/Schema Matching Knowledge Database Management	Software Quality and Security Testing
	Data Source Management	**Data Source Search**	**Data Exchange Agreement**	**Data Exchange Monitoring**
IDS Broker	Data Source Publication Data Source Maintenance Version Controlling	Key Word Search Taxonomy Search Multi-criteria Search	"One Click" Agreement Data Source Subscription	Transaction Accounting Data Exchenge Cleaning Data Usage Reporting
	Data Exchange Execution	**Data Prepocessing Software Injection**		**Remote Software Execution**
IDS Connector	Data Request from Certified Endpoint Usage Information Maintenance (Expiration etc.) Data Mapping (from Source to Target Schema) Secure Data Transmission between Trusted Endpoints	Preprocessing Software Deployment and Execution at Trusted Endpoint		Data Compliance Monitoring (Usage Restriction etc.) Remote Attestation Endpoint Authentication

Quelle: eigene Darstellung in Anlehnung (Fraunhofer ISST, 2018, S. 20)

Aussagen über konkrete Technologien oder Anwendungen werden nicht getroffen. Stattdessen beschreibt diese Teilarchitektur die Funktionen, die zur Pilotierung und Implementierung des IDS vorgesehen sind. Diese sind in elf Funktionsblöcke gegliedert. (vgl. Fraunhofer ISST, 2018, S. 20)

Die Softwarearchitektur beleuchtet die bereits verfügbaren Technologien und Softwarekomponenten, die für eine erfolgreiche Pilotierung erforderlich sind. Hier wird die Umsetzung der Daten- und Service-Architektur beschrieben. Der IDS Connector wird in den Ausprägungen „External IDS Connector" (EXIC) und „Internal IDS Connector" (INIC) pilotiert. Der EXIC ist für den Austausch der Daten zweier Teilnehmer des IDS zuständig. Die Gesamtheit aller Connectors bilden den IDS. Sie werden außerhalb einer Firewall eines Netzwerkes betrieben, damit kein direkter Zugriff auf das interne System besteht. Im Gegensatz dazu wird der INIC innerhalb eines Netzwerkes betrieben und greift auf interne Datenquellen zu. Um eine sichere Ausführungsumgebung zu gewährleisten, nutzt die Connector-Architektur Technologien des Application Container Managements. Wenn Datenoperationen notwendigerweise auf anderen EXIC-Instanzen, wie einem Cloud-Anbieter, ausgeführt werden müssen, muss der IDS eine flexible Verteilung dieser auf EXIC- und INIC-Instanzen erlauben. Sicherheitsanforderungen oder Ressourcenbeschränkungen können dieses Vorgehen unumgänglich machen. Der ebenfalls zur Softwarearchitektur zählende AppStore führt Angebot und Nachfrage an Datendiensten zusammen und unterstützt die Erstellung und die Pflege der Vokabulare. (Fraunhofer ISST, 2018, S. 22 f.)

Die Sicherheitsarchitektur beschäftigt sich mit dem Schutz vor Datenmissbrauch mit nicht manipulierbaren Softwareausführungen und der sicheren Datenübertragung von der Entstehung bis zur Nutzung der Daten. Im Rahmen dieser Teilarchitektur machen es unterschiedliche Ausprägungen und Kombinationen von Sicherheitsaspekten möglich, unterschiedliche Sicherheitsstufen abzubilden. Die Verbindungssicherheit ist ein wichtiger Aspekt im Hinblick auf das Abhören und die Manipulation von Kommunikation zwischen verschiedenen Teilnehmern des IDS. Die Verschlüsselung der Verbindungsebene und die Authentifizierung der jeweiligen Endpunkte unterbinden das „Spoofing". Damit ist das Vortäuschen einer falschen Identität gemeint. (vgl. Eckert, 2012, S. 117, 135) Um eindeutig identifizierbar zu sein, müssen die Teilnehmer des IDS ihre Identifikationsinformationen in Attributen zur Verfügung stellen. Der ermittelte Sicherheitszustand kann dann hinterlegt und für komplexe Zugriffskontrollen verwendet werden. So ist z.B. ein Nachweis eines bestimmten Vertrauenslevels notwendig, um spezielle Zugriffe zu erhalten. Datengeber können die Voraussetzungen und Bedingungen des Zugriffs auf ihre Daten teilweise selbst bestimmen. Daten können also käuflich erworben werden und sind ggf. mit Beschränkungen der Nutzungsdauer oder Weitergabe verknüpft. Ein hohes Sicherheitsniveau lässt sich mit der Bereitstellung einer sicheren Ausführungsumgebung erreichen. Die Ausführungsumgebung eines IDS Connectors weist ihrem Kommunikationspartner einen vertrauenswürdigen Zustand nach. Ein weiterer Teil der sicheren Ausführungsumgebung ist die Virtualisierung der Anwendungsschicht. Einzelne Funktionen werden in getrennten Anwendungscontainern ausgeführt. Mit einer Kombination dieser Sicherheitsmaßnahmen, kann eine hohe Sicherheitsstufe des IDS erreicht werden. (Fraunhofer ISST, 2018, S. 24 f.)

4.3 Ausblicke der Initiative

Im nächsten Schritt muss das Referenzarchitekturmodell von Partnern aus der Industrie als Vorlage für konkrete Umsetzungen von Projekten eingesetzt werden. Daraus entsteht idealerweise ein Ökosystem, in dem Verhandlungsprozesse stattfinden können und die Bezahlung sowie Benutzung von Datenquellen ermöglicht werden. Weiterhin in Planung sind Datenauswertungsanwendungen der IDS Connectors. Wichtig ist der Einsatz der infrastrukturellen Datendienste in möglichst vielen verschiedenen Szenarien. (vgl. Olms et al., 2020, S. 7) Darüber hinaus ist die internationale Ausweitung der Arbeiten sowie die Integration der Vorarbeiten anderer Länder in die Gesamtarchitektur geplant. Soweit es möglich ist, werden bestehende Standards genutzt. Bestreben des IDS ist es aber langfristig eigene internationale Standards zu setzen. Umfangreiche Maßnahmen zu Kommunikation, Weiterbildung und Informationen werden angeboten, um eine hohe Reichweite des Referenzarchitekturmodells zu erreichen.

5 Fazit

Die Rolle der Daten ändert sich im Zuge der vierten industriellen Revolution. Aus ihnen lässt sich erst das volle Potential schöpfen, wenn man sie mit Geschäftspartnern, Lieferanten und Kunden teilen kann. Möglichst, ohne dass die Souveränität über die eigenen Daten verloren geht. Je mehr Sicherheitstechnik aber in einem Prozess untergebracht wird, desto schwieriger wird es, den Echtzeitanforderungen im industriellen Einsatz gerecht zu werden. Das Forschungsprojekt des Fraunhofer Instituts hat mit dem Referenzarchitekturmodell des IDS einen Lösungsansatz entworfen, der in der Praxis als Vorlage verwendet werden kann. So können Unternehmen zukünftig einen sicheren Datenaustausch auch außerhalb ihres durch Firewalls geschützten internen Netzwerkes gestalten.

6   Literaturverzeichnis

Eckert, C. (2012). *IT-Sicherheit: Konzepte - Verfahren - Protokolle* (7., überarb. und erw. Aufl). München: Oldenbourg-Verl.

Eckert, C. (2014). IT-Sicherheit und Industrie 4.0, (Special 01 2014), 40–45.

Fraunhofer. (2020). Die International Data Spaces werden Unternehmensalltag. *Fraunhofer Innovisions*. Verfügbar unter: https://www.fraunhofer-innovisions.de/industrie-4-0/der-industrial-data-space-wird-unternehmensalltag/ (17.1.2021).

Fraunhofer ISST. (2018). *Industrial Data Space: Daten und Datensouveränität in der digitalen Wirtschaft*. Verfügbar unter: https://www.youtube.com/watch?v=h0_zX7fUrFw (22.11.2020).

Geißler, O. (2020). Virtueller Datenraum für sicheren Datenaustausch. Verfügbar unter: https://www.security-insider.de/virtueller-datenraum-fuer-sicheren-datenaustausch-a-899877/ (17.1.2021).

Grünendahl, R.-T., Steinbacher, A. F. & Will, P. H. L. (2009). *Das IT-Gesetz: Compliance in der IT-Sicherheit: Leitfaden für ein Regelwerk zur IT-Sicherheit im Unternehmen* (1. Aufl). Wiesbaden: Vieweg + Teubner.

heise online. (2015). Forschern gelingt Datenklau bei Offline-Computer. *iX Magazin*. Verfügbar unter: https://www.heise.de/ix/meldung/Forschern-gelingt-Datenklau-bei-Offline-Computer-2764699.html (17.1.2021).

Junker, H. (2015). IT-Sicherheit für Industrie 4.0 und IoT. *Datenschutz und Datensicherheit-DuD, 39* (10), 647–651. Springer.

Lass, S. & Kotarski, D. (2014). IT-Sicherheit als besondere Herausforderung von Industrie 4.0. *Industrie, 4*, 397–419.

Neugebauer, R. (Hrsg.). (2018). *Digitalisierung: Schlüsseltechnologien für Wirtschaft und Gesellschaft* (1. Auflage). Berlin Heidelberg: Springer Vieweg.

Olms, C., Nissen, C., Schier, A., Leveling, J., Rademacher, R. & ten Hompel, M. (2020). Architektur einer adaptiven Plattform für unternehmens-übergreifende datenbasierte Dienste mit dem International Da-ta Spaces. *Logistics Journal: Proceedings, 2020* (12).

PricewaterhouseCoopers. (2018). Industrial Data Space: der Standard für sicheren Datenaustausch und Konnektivität. *PwC*. Verfügbar unter: https://www.pwc.de/de/digitale-transformation/industrial-data-space-die-loesung-fuer-den-sicheren-datenaustausch.html (17.1.2021).

Prof. Dr.-Ing. Otto, B. & Prof. Dr. Jürjens, J. (2016). INDUSTRIAL DATA SPACE DIGITALE SOUVERÄNITÄT ÜBER DATEN. Fraunhofer-Gesellschaft zur Förderung der angewandten Forschung e.V.

Röwekamp, R. (2017, September 25). Industrial Data Space: Ein neuer Standard für Datensouveränität. Verfügbar unter: https://www.cio.de/a/ein-neuer-standard-fuer-datensouveraenitaet,3562375 (17.1.2021).

Steven, M. (2019). *Industrie 4.0: Grundlagen - Teilbereiche - Perspektiven* (1. Auflage). Stuttgart: Verlag W. Kohlhammer.